Achim Bröger

Sophie will aber

Geschichten von Trotz
und Selbstbewusstsein

Mit Bildern von Clara Suetens

EDITION BÜCHERBÄR

Achim Bröger,
geboren 1944, schreibt als freiberuflicher Schriftsteller Kinder- und Jugendbücher. Viele davon sind mit bedeutenden Preisen (u. a. Deutscher Jugendliteraturpreis, Sparte Kinderbuch) ausgezeichnet und in 27 Sprachen übersetzt worden.

Sabine Seyffert
ist staatlich anerkannte Erzieherin, Entspannungspädagogin, psychologische Beraterin sowie Autorin zahlreicher Publikationen. Außerdem führt sie Fortbildungsseminare für Pädagoginnen und Pädagogen durch. Sie lebt mit ihrer Familie in Wuppertal.

Clara Suetens
studierte Grafik-Design an der Akademie der bildenden Künste in Antwerpen, wo sie heute selbst lehrt. Sie illustriert seit vielen Jahren Bilder- und Kinderbücher.

In neuer Rechtschreibung

1. Auflage 2004

Einband und Innenillustrationen: Clara Suetens
Gesamtherstellung: Westermann Druck Zwickau GmbH
ISBN 3-401-08510-7

Inhalt

Liebe Leserinnen und Leser,

»Trotz lass nach!« Ein Wunsch, den alle Eltern gut kennen. Schnell soll es gehen am Morgen, doch das Kind will sich nicht anziehen. Fünf Mal ruft man vergeblich zum Frühstück und schließlich fleht man es an, sich jetzt doch endlich die Zähne zu putzen. Sichtlich genervt, schleift man den kleinen »Teufel« ins Bad, weil es bereits kurz vor 8 Uhr ist und der Bus zum Kindergarten nicht wartet . . .
Kinder, die nie trotzig sind, gibt es nicht. Und das ist gut so! Denn Trotz ist enorm wichtig für eine gesunde Entwicklung und das Selbstbewusstsein. Schließlich soll das Kind den Alltag selbstsicher meistern, es soll sagen, was es denkt und möchte, und es soll sich durchsetzen und behaupten können. Dies üben Kinder, wenn sie trotzig sind. Dennoch kann das Kind auch mal über die Stränge schlagen. Und dann heißt es: Cool bleiben!

Hilfe bei Trotzanfällen
Hier möchte ich Ihnen ein paar praktische Tipps geben, die Ihnen und Ihrem Kind in Trotzsituationen helfen können.

- Bleiben Sie immer gelassen – wie sehr Ihr Kind auch toben mag. Atmen Sie tief durch und warten Sie ab, bis der »Anfall« vorüber ist und das Kind wieder ansprechbar. Reden Sie dann mit Ihrem Kind. Das schafft Klarheit und trägt dazu bei, dass Sie sich beide besser verstehen.
- Bleiben Sie konsequent und signalisieren Sie dem Kind, dass es Ihnen ernst ist. Wenn Sie durch den Trotzanfall nachgeben, bestärkt dies das Kind darin, dass solch ein Geschrei hilft seinen Willen durchzusetzen. Dann wird es Trotz immer wieder als Druckmittel nutzen, um ans Ziel zu gelangen.

- Sprechen Sie nicht zu viele Verbote aus! Stellen Sie einige wichtige Regeln für das Familienleben auf, die dann auch strikt eingehalten werden. Das vermeidet unnötigen Streit.
- Schlagen Sie dem Kind einen Kompromiss vor, mit dem das Kind, aber auch Sie sich arrangieren können. Ein gutes Beispiel ist die Geschichte »Die Riesen-Schokostange«: Sophies Eltern ist die große Schokomandelstange zu teuer – aber sie einigen sich auf die kleinere. Das zeigt dem Kind, dass Sie seine Bedürfnisse ernst nehmen.
- Schlagen Sie Ihrem Kind etwas Angenehmes vor. So entschärfen Sie die Situation. Wenn Sie das Kind zum Beispiel beim »Mensch ärgere dich nicht« rauswerfen und es reagiert mit Trotz und will nicht mehr mitspielen, dann erleichtern Sie ihm auf diese Weise das Verlieren. Sagen Sie, dass der Verlierer beim Zubereiten des Abendessens mithelfen darf. Und schon ist alles halb so schlimm.
- Rollentausch: Seien Sie doch mal so richtig trotzig! Aber nur, wenn Ihr Kind selbst gut gelaunt ist. Es ist interessant, wie ein Kind ein solches Verhalten bei einem anderen Menschen wahrnimmt. Vielleicht ist es dann beim nächsten Mal selbst nicht ganz so trotzig.

Und was meinen andere Eltern? Auch ein Austausch über eigene Erfahrungen im Umgang mit Trotz kann hilfreich sein.
Und schließlich gibt es noch die kleinen Familiengeschichten in diesem Buch, die Lösungswege aufzeigen . . . für Sie und Ihr Kind.
In diesem Sinne wünsche ich Ihnen, dass die Trotzanfälle weniger werden. Doch im Grunde sind ganz »lammfromme« Kinder wohl auf die Dauer furchtbar langweilig.

Ihre Sabine Seyffert

Sophie soll ganz leise sein

Papa ist wieder weg. Arbeiten. Irgendwo in einer anderen Stadt. Sophie ist allein mit ihrer Mama. Und die schläft im Wohnzimmer.
Gaaanz leise soll Sophie sein und ihre Mama nicht stören. Sophie darf auch nicht zu ihrem Freund Lukas in die Nachbarwohnung gehen. Sein Papa will auch schlafen. Der ist mittags müde wie Mama.

Sophie öffnet die Wohnzimmertür. Mama liegt auf dem Sofa. Die Augen zu. Total langweilig findet Sophie das. Sie schließt die Tür. Etwas lauter. Mama rührt sich nicht. Also reißt Sophie die Tür ziemlich laut auf. Aber Mama schläft weiter.
Jetzt rennt Sophie den Flur rauf und runter. Richtig laut. So kriegt sie ihre Mama bestimmt wach. Aber die rührt sich immer noch nicht. Na warte! Sophie geht in die Küche. Aus dem Schrank nimmt sie einen Topf, eine Pfanne und zwei Kochlöffel.

Den Topf und die Pfanne legt sie als Trommeln auf zwei Stühle. Dann schaltet sie das Radio an. Die Musik klingt toll. Nun trommelt Sophie mit den Kochlöffeln auf dem Topf und der Pfanne. Zack! Bumm! Das scheppert und kracht.

Sophie findet, ihre Trommelei passt prima zur Musik.
Da ruft Mama: »Bist du verrückt? Ich will schlafen! Ruhe!« Jetzt klingelt es an der Haustür. Endlich passiert was! Lukas und sein Papa Michael stehen draußen.
Michael fragt: »Was ist denn bei euch los?«
»Ich mache Musik«, antwortet Sophie.
Nun kommt Mama und sagt: »Das ist hundsgemeiner Aufweckkrach. Du sollst doch ruhig sein!« Sophie guckt sauer und sagt: »Das ist Musik.« Susanne, ihre Mutter, meint: »Du kriegst eine Flöte. Auf der kannst du leise Musik spielen.«

Nun sitzen alle in der Küche. Hellwach! Endlich! Mama fragt Michael: »Magst du Kaffee?« Der antwortet: »Gern, ich muss erst in einer Stunde zur Arbeit. Und die Mittagsruhe ist ja sowieso vorbei.« Mama ermahnt Sophie: »Mach das nicht noch mal!« Sophie nickt und fragt Lukas: »Was spielen wir?« Der schlägt vor: »Betthüpfen!«

»Das ist zu laut«, meint Mama.

»Egal«, sagt Sophie, »ihr seid doch schon wach.« Genervt erklärt Mama: »Aber die anderen Leute im Haus vielleicht noch nicht.«

»Du bist laut«, sagt Sophie. ». . . und schimpfst rum.« Mama stöhnt nur.

»Na gut«, meint Sophie. »Wir spielen was Ruhiges. Wir spielen . . . mir fällt nix ein.«

»Puzzle spielen wir«, schlägt Lukas vor. Sein Papa verlangt: »Aber spielt das bloß leise.«

»Das kann man nicht laut spielen«, sagt Sophie.

Dazu meint Mama: »Du schon. Aus Trotz. Weil du leise sein sollst.« Sophie sagt noch: »Und schlabbert den Kaffee nicht so laut. Weil . . . es ist Mittagsruhe.« Dann donnert sie die Tür hinter Lukas und sich zu.

»LEISE!«, ruft Mama.

Gleiche Schuhe sind langweilig

Sophie will zu ihrem Freund Lukas. Der wohnt nebenan. Papa sagt: »Du musst was anderes anziehen. Hast nur deinen Schlafanzug an.«
»Das reicht doch«, meint Sophie. »Nee«, sagt Papa. »Du bist schon ein großes Mädchen. So kannst du nicht rübergehen.«
»Na gut«, mault Sophie und zieht was anderes an. Das schafft sie allein. Nur das Schuhezubinden klappt nicht richtig. Deswegen geht sie zu Papa. Der sitzt am Esstisch und liest Zeitung.

Sophie verlangt: »Papa, mach mir mal die Schuhe zu.«
»Das heißt Bitte«, meint Papa. Sophie grinst und sagt: »Papa, mach mir mal die Bitte zu.«
»Wie heißt das?«, fragt Papa. Sophie stöhnt und antwortet: »Papa, bind mir mal . . . bitte die Schuhe zu.« Da fällt ihm etwas auf: »Du hast ja verschiedene Schuhe an. Links einen roten, rechts einen braunen.« Sophie nickt. Und Papa sagt: »Das sieht blöd aus. Die Schuhe passen nicht zusammen.« Sophie guckt und meint: »Die passen genau.«

»In unterschiedlichen Schuhen kannst du nicht richtig gehen«, behauptet Papa. Zur Probe macht Sophie einige Schritte und sagt: »Ich kann sehr gut gehen. Bind sie mir . . . bitte zu.«
»Nee«, kommt von Papa. »Zieh zwei gleiche Schuhe an. Dann . . .«
»Bitte«, unterbricht Sophie ihn. Papa guckt und fragt: »Was?«
»Zieh bitte zwei gleiche Schuhe an, heißt das. Hast du selbst gesagt.« Nun stöhnt Papa: »Das ist keine Bitte. Ich verlange, dass du das tust!«
»Gestern hab ich die Schuhe auch angehabt«, sagt Sophie. »Mama war's egal.« Dazu meint Papa: »Wahrscheinlich hat sie's nicht gesehen.«
»Kann sein«, sagt Sophie. »Ich habe sie selber zugebunden. Das ging aber überhaupt nicht gut.«
»Ich helf dir, wenn du zwei gleiche anziehst«, verspricht Papa.
»Im Kindergarten haben alle verschiedene Schuhe an. Gleiche Schuhe sind langweilig«, behauptet Sophie.

»Quatsch«, sagt Papa. »Guck meine an.« Sophie guckt und sagt: »Zwei doofe, langweilige schwarze Schuhe.«
»Nervensäge!«, schimpft Papa. Da bemerkt er: »Du hast ja auch unterschiedliche Strümpfe an. Einen grünen, einen blauen.« Sophie nickt und sagt: »Unterschiedliche Schuhe . . . unterschiedliche Strümpfe. Das passt. Bind sie mir zu . . . bitte!« Jetzt gibt Papa nach: »Na gut . . . schließlich musst du damit gehen. Alle werden's doof finden.«
»Bestimmt nicht«, meint Sophie. Endlich bindet Papa ihr die Schuhe zu.
Gleich darauf klingelt Sophie bei Lukas. Seine Mama öffnet die Tür. Lukas steht neben ihr. Sophie zieht ihr Hosenbein hoch. »Guck«, sagt sie. Dann sagt Lukas: »Guck.« Er hat zwei gleiche Schuhe an. Dazu einen gelben und einen grünen Strumpf. Sophie strahlt. »Sieht gut aus.«
»Überhaupt nicht«, meint Lukas' Mutter. Sophie widerspricht ihr: »Obersehrgut sogar!« Lukas sagt: »Morgen zieh ich auch verschiedene Schuhe an wie Sophie.«
Seine Mutter fragt: »Muss das sein?«
»Klar!«, antworten Lukas und Sophie gleichzeitig.

Die Riesen-Schokostange

Sophie und ihre Eltern sind im Supermarkt. Der Einkaufswagen ist proppenvoll. Jetzt wollen sie bezahlen. Vor ihnen stehen noch einige Leute an der Kasse. Papa nimmt eine Tüte Lakritze aus einem Ständer. »Ih!«, macht Sophie. »Lakritze schmeckt wie Schafsködel.«

»Ich mag sie«, meint Papa und grinst. Gleich können sie alles aufs Band legen. Plötzlich zeigt Sophie auf einige Stangen in einem Ständer. Die sind fast so lang wie sie selbst. »Hm«, macht sie begeistert. »Schokolade mit Mandel. Sooo lecker und sooo groß!«

Dann fragt sie: »Krieg ich eine?« Mama guckt auf den Preis und sagt: »Nein, die sind zu teuer.« Jetzt verlangt Sophie: »Aber ich will eine! Die schmeckt toll!« »Nicht so laut«, sagt Papa. »Außerdem sollst du nicht so viele Süßigkeiten essen. Das ist ungesund.« Sophie verspricht: »Ich ess nicht alles auf einmal.« Aber Mama schüttelt den Kopf und meint: »Ich hab Nein gesagt!«
»Oh!«, jammert Sophie. »Ich will die haben.« Nun ermahnt Papa sie: »Du hast gehört, was wir gesagt haben.«

Darauf antwortet Sophie laut: »Ich will die aber!« Ihre Eltern sagen nichts. Der Mann vor ihnen legt seinen Einkauf aufs Band. Sophie versucht es noch einmal: »Das ist ungerecht. Ihr kauft euch alles und ich krieg nix!«
»Armes Kind«, tröstet Mama sie. Papa legt die ersten Sachen aufs Band. Sophie schimpft: »Ihr habt so viel Wein gekauft! Und . . .«
»Es reicht!«, unterbricht Papa Sophie. Inzwischen gucken schon einige Leute zu ihnen. Sophie steht direkt neben den tollen Schoko-Mandel-Stangen. Sie zieht eine aus dem Ständer und fragt: »Warum krieg ich die nicht? Ihr seid gemein!« Dazu stampft sie mit dem Fuß auf.

Inzwischen sind Papa und Mama sauer. Papa nimmt Sophie die Stange weg. Vor Wut heult Sophie los. Möglichst ruhig sagt Papa: »So kriegst du sie auf keinen Fall.«
»Wie denn sonst?«, fragt Sophie. Ihre Eltern antworten nicht. Sie haben alles aufs Band gelegt. Und das läuft zur Kassiererin. Da sieht Sophie wieder Schoko-Mandel-Stangen. Aber die sind viel kleiner. Sie fragt: »Krieg ich wenigstens die?« Dann sagt sie noch: »Die sind wirklich sehr klein.«
»Aber bestimmt genauso lecker«, meint Papa. Mama sagt: »Eigentlich dürftest du

die nach dem Theater auch nicht kriegen.«
»Was für ein Theater?«, fragt Sophie. Da hören sie die Kassiererin: »107 Euro und 81 Cent bitte.« Mama sagt: »Die kleine Stange kommt dazu.« Sophie guckt erstaunt. Eigentlich hätte sie nicht gedacht, dass sie die bekommt. Jetzt strahlt sie und sagt Danke. Sie bezahlen. Dann packen sie wieder alles in den Einkaufswagen. Sophie nimmt die Schoko-Mandel-Stange und sagt: »Ihr dürft was abhaben.« Sie reißt die Verpackung auf und hält Papa die Süßigkeit hin. Der beißt rein. Danach beißt Mama ab. Sophie futtert den Rest.
»Oh«, meint sie, »alles aufgegessen. Wir hätten die große Stange kaufen sollen.«
»Fang bloß nicht wieder an«, verlangt Papa. Und Sophie murmelt: »Ja, ja . . . schon gut.«

Sophie will zu Hause bleiben

»Sophie, wir müssen los«, ruft Mama. Aber Sophie antwortet nicht. Mama geht ins Kinderzimmer. Sophie sitzt auf dem Bettrand. Sie hält ein Bilderbuch in den Händen und sagt: »Lies mir das vor.«
»Jetzt nicht. Ich bring dich in den Kindergarten. Danach muss ich zur Arbeit. Komm!« Aber Sophie bleibt sitzen. Dann sagt sie: »Ich geh heute nicht in den Kindergarten.«

»Mach keinen Quatsch. Du bist doch gerne dort.« Dazu meint Sophie: »Ich bleib zu Hause. Da ist's schöner.« Mama schüttelt den Kopf. »Das geht nicht. Zieh dich an! Los!« Nun schüttelt Sophie den Kopf und sagt: »Nee!« Mama setzt sich neben sie und erklärt Sophie: »Ich kann nur zur Arbeit, wenn du im Kindergarten bist. Und da gefällt's dir doch.«

»Nee. Die sind doof.« Mama fragt: »Lukas auch?« Sophie antwortet: »Der nicht. Der ist ja mein Freund.«
»Aber der geht jetzt auch in den Kindergarten. Er zieht sich bestimmt gerade an.« Mama zeigt auf die Wand zur Nachbarswohnung. Da wohnt Lukas. Sophie sagt: »Trotzdem will ich nicht.«
»Hat dir jemand was getan?« Wieder schüttelt Sophie den Kopf und verlangt: »Du sollst mir das Bilderbuch vorlesen!«
»Ich muss zur Arbeit und Geld verdienen. Das brauchen wir.« Dazu meint Sophie: »Ich bleib hier.« Nun legt sie sich aufs Bett. Als Mama anfängt zu reden, drückt Sophie das Kissen gegen ihre Ohren. Mama nimmt es weg und verlangt: »Du stehst auf! Und wir gehen! Beeil dich.« Aber Sophie zieht sich die Bettdecke über den Kopf. Mama sagt streng: »Du tust

jetzt, was ich verlange!« Sophie guckt unter der Decke vor und ruft: »Nein! Nein! Nein!«
»Warum willst du plötzlich nicht in den Kindergarten?«
»Hab ich schon gesagt. Weil's hier schöner ist.« Dann fällt Sophie noch ein: »Wenn ich weggehe, sind meine Kuscheltiere alleine. Das will ich nicht.« Mama bietet ihr an: »Du kannst ja eines mitnehmen.«
»Ich will hier bei ihnen bleiben.« Sophie drückt ihren Kuschelhasen und ihren Kuscheltiger an sich. »Sophie!«, sagt Mama. »Ich muss los. Und zwar schnell!« Darauf antwortet Sophie: »Geh doch. Ich bleib hier.«

»Sei nicht so frech!« Mama ist wütend. Und Sophie schlägt vor: »Bleib auch hier.«
»Das geht nicht. Ich muss arbeiten!«, erklärt Mama noch einmal. Sophie stöhnt: »Arbeiten! Arbeiten! Doofes Arbeiten.«
»Jetzt komm! Sonst werd ich so was von sauer!«, schimpft Mama. Langsam steht Sophie auf. Da klingelt es an der Tür. Draußen stehen Lukas und sein Papa.
»Bist du fertig?«, fragt Lukas Sophie. Die knurrt: »Ich komm schon.« Zu Mama sagt sie: »Die Kuscheltiere nehm ich mit.«
»Ich pack sie dir ein«, sagt Mama. Den Papa von Lukas fragt sie: »Bringst du die beiden zum Kindergarten? Ich bin spät dran.«
»Mach ich«, antwortet der. Dann bekommt Sophie ihren Rucksack. Ein Ohr vom Kuschelhasen guckt raus. Zum Abschied sagt Mama: »Nächste Woche nehme ich mir mal einen Tag frei. Dann kannst du dir im Kindergarten auch freinehmen.«
»Au ja«, freut sich Sophie und läuft hinaus.

Papateller, Kinderteller!

Sophie, Mama und Papa sitzen im Restaurant. Die Eltern haben sich ihr Essen schon ausgesucht. Mama nimmt den gedünsteten Fisch mit Petersilienkartoffeln und Salat. Papa wird ein Steak bestellen, dazu Bratkartoffeln und Salat. Jetzt fragt er Sophie: »Und was möchtest du?«
»Das Gleiche wie du«, antwortet sie. Aber Papa meint: »Die Portion ist viel zu groß für dich.«
»Nee«, sagt Sophie, »ich schaff das. Bestimmt!« Mama erinnert Sophie daran, dass sie das letzte Mal einen Kinderteller bestellt hat. »Schon davon ist die Hälfte übrig geblieben«, sagt sie.
»Da war ich noch kleiner«, erwidert Sophie.
»Also . . . was möchtest du?«, fragt Mama.
»Das Gleiche wie Papa.« Nun schütteln ihre Eltern die Köpfe. Papa schlägt vor:

»Du isst fast kein Fleisch. Bestell dir Bratkartoffeln und Salat. Dazu bekommst du ein Stück von meinem Steak.« Sophie guckt böse und schimpft: »Ihr habt gesagt, ich soll mir was aussuchen. Und ich will das Gleiche wie Papa.« Jetzt kommt die Bedienung. Sie möchte wissen, was die Familie bestellt. Mama sagt: »Wir überlegen noch.« Die Bedienung fragt: »Kann ich schon mal die Getränke bringen?« Schnell antwortet Sophie: »Ich krieg einen Apfelsaft. Aber einen großen.«

»Bitte«, meint Mama. Danach bestellen die Eltern Getränke. Und Sophie sagt zur Bedienung: »Ich weiß, was ich essen will. Das Gleiche wie . . .« Mama unterbricht sie: »Darüber reden wir noch.« Jetzt geht die Bedienung. Mama ermahnt Sophie: »Sei nicht so unvernünftig. Wir bezahlen das Essen. Und du schaffst nicht mal die Hälfte.«
»Stimmt nicht!«, protestiert Sophie.
Papa guckt noch mal in die Speisekarte. Er schlägt vor: »Hier gibt's einen Kinderteller mit Würstchen, Pommes und Ketschup. Oder Spagetti mit Tomatensoße.«
»Ich will keinen doofen Babyteller. Ich will . . .«

»Du möchtest«, unterbricht Mama.
»Mir egal«, meint Sophie. »Also . . . ich möchte . . .«
»Nimm Fischstäbchen«, schlägt Mama vor. »Die schmecken dir.«
»Heute nicht. Ich will . . .«
»Aber das bekommst du nicht«, sagt Papa. »Was möchtest du stattdessen?«
Sophie stützt die Ellenbogen auf den Tisch und guckt sauer. Sofort verlangt Papa: »Setz dich ordentlich hin!« Und Sophie sagt: »Ich will gar nichts mehr.«

»Glaub nur nicht, dass wir dann zu Hause was für dich machen,« sagt Mama.
Sophie mault: »Ohh! Ihr seid gemein!«
Wieder kommt die Bedienung und fragt: »Haben Sie sich entschieden?« Die Eltern bestellen. Mama sagt: »Sophie bekommt . . .«
»Das Gleiche wie Papa!«, unterbricht Sophie sie. »Sophie!«, schimpft Mama.
»Die Portion ist zu groß!« Da schlägt die Bedienung vor: »Ich kann dir das Gleiche bringen wie deinem Papa. Steak mit Bratkartoffeln und Salat. Aber als Seniorenteller.«
»Was ist das . . . ein Seniorenteller?«, fragt Sophie.
»Eine kleinere Portion. Die wird gern von älteren Leuten bestellt, also von Senioren. Die wollen nicht mehr so viel essen.«
»Ist das wirklich das Gleiche, was Papa hat?«, will Sophie wissen.
»Na klar«, antwortet die Frau. Sophie sagt: »Bitte einen Seniorenteller.« Die Bedienung nickt und die Eltern nicken auch.
»Du bist die jüngste Seniorin hier«, sagt die freundliche Bedienung. Sophie strahlt. »Ich krieg einen . . . Seniorenteller.« Sie findet das Wort toll . . . Seniorenteller. Dann sagt sie: »Ich ess alles auf. Bestimmt und hundertpro.«
Jetzt freut sie sich aufs Essen. Hoffentlich kommt's ganz schnell.

Sophie will noch nicht ins Bett

»Sophie! Du musst ins Bett!«, ruft Mama aus dem Wohnzimmer. Sophie überhört das einfach. Sie spielt in ihrem Zimmer weiter mit den Legosteinen. Jetzt ruft Papa etwas lauter: »He! Sophie! Hörst du nicht?«
Sophie geht ins Wohnzimmer. Ihre Eltern sitzen auf dem Sofa und sehen fern.
Sophie hüpft neben ihren Papa und sagt: »Den Film möchte ich auch angucken.«
»Nee«, meint Papa. »Der ist nichts für dich.«
»Oh!«, jammert Sophie. »Ich will noch nicht ins Bett!«
»Du siehst aber müde aus«, meint Mama.
Sophie antwortet: »Das sagst du immer, wenn ich ins Bett soll. Ich bin kein bisschen müde.« Sie krabbelt über die Knie ihres Papas zu Mama. Dann kuschelt sie

sich an sie. Papa sagt: »Es ist nach acht. Los, ins Bett mit dir!« Sophie kuschelt sich fester an Mama. »He!«, sagt die. »Wasch dich schon mal.«
»Nein!«, protestiert Sophie. »Immer muss ich so früh ins doofe Bett. Ich bleib hier!« Papa meint: »Kommt nicht infrage.« Sophie schreit los. Und Mama erklärt: »Lukas liegt bestimmt schon im Bett.« Das ist Sophies Freund. Er wohnt nebenan. Sophie springt auf und sagt: »Ich geh rüber und seh nach, ob's stimmt.«
»Wehe!«, droht Papa. »Damit weckst du ihn nur auf.« Er hebt Sophie hoch. Sie zappelt und wehrt sich. Trotzdem trägt er sie ins Badezimmer. Dort sagt er: »Putz deine Zähne und wasch dich. Dann gehst du ins Bett. Ruf uns, wenn du drin liegst.«

»Ich will den Film sehen!«, bettelt Sophie. Aber Papa geht einfach raus. Sophie denkt nicht daran, die Zähne zu putzen. Sie schleicht über den Flur. Vorsichtig drückt sie die Türklinke zum Wohnzimmer runter. Leise öffnet sie die Tür ein Stück. Von Mama und Papa sieht sie nur die Hinterköpfe. Die ragen über die Rückenlehne des Sofas. Die Eltern sehen immer noch fern. Von der offenen Tür aus kann Sophie prima mitgucken. Die Eltern merken's nicht.
Nach kurzer Zeit findet Sophie den Film blöd. Da schreit ein Mann eine Frau an. Die schreit zurück. Dann hauen sich zwei Männer. Vorsichtig schließt Sophie die Tür. Sie hört noch, wie Mama sagt: »Sophie ruft uns gar nicht. Die trödelt aber.«
Sophie sitzt mit ihrem Kuschelhasen auf der Bettkante. Da kommt Mama und staunt: »Du liegst ja noch immer nicht im Bett.« Trotzig sagt Sophie: »Die Zähne habe ich auch nicht geputzt.«
»Aber los jetzt«, verlangt Mama. Sie geht mit Sophie ins Badezimmer. Dort putzt Sophie die Zähne, dass ihr der Schaum vor dem Mund steht. »Das dauert ewig«, beschwert sich Mama. Mit der Zahnbürste im Mund murmelt Sophie: »Ich soll die Zähne ja gründlich putzen.«

Schließlich ist sie fertig. Dass sie sich nicht gewaschen hat, verrät sie nicht. »Ab ins Bett«, sagt Mama. Sie deckt Sophie zu und gibt ihr einen Gutenachtkuss. Mama will gehen, als Sophie sagt: »Nee, nee! Du musst noch vorlesen.«
»Nein, ich möchte den Film sehen.«
»Dann kann ich nicht einschlafen«, behauptet Sophie. Sie verlangt: »Lies mir was vor. Papa soll auch noch kommen.« Mama will ihn holen. Und Sophie möchte mitgehen. Aber Mama verlangt: »Du bleibst liegen.« Gleich darauf kommt Papa. Er sagt: »Schlaf gut, Sophie.« Schon will er verschwinden. Sophie meint: »Ich kann nur gut schlafen, wenn ihr was vorlest. Mama mag nicht.« Papa seufzt und

setzt sich auf die Bettkante. Er liest aus Sophies Lieblings-Einschlafbuch vor. Nach einer Seite hört er auf. Sophie bettelt: »Weiterlesen. Die Geschichte ist schön.« Das sagt sie nach jeder Seite. Am Ende der Geschichte sagt sie: »Noch mal von vorne. Bitte!«
»Nee«, meint Papa. »Jetzt ist Schluss.« Er streichelt Sophie über den Kopf. Die sagt: »Bald kann ich selber lesen. Oh . . . ich freu mich drauf. Ich werde lesen, bis ich müde bin. Aber du sollst mir auch dann noch was vorlesen, weil . . . das ist so schön gemütlich.«
»Mach ich«, verspricht Papa und geht hinaus. Sophie hört ihn im Flur. Sie drückt ihren Kuschelhasen an sich. Dann dreht sie sich noch ein paar Mal hin und her. Schon ist sie eingeschlafen.

Ein Abend zu dritt

Papa hat drei Tage in einer anderen Stadt gearbeitet. Endlich ist er wieder zu Hause. Sophie und ihre Eltern sitzen in der Küche am Tisch. Vorhin haben sie Abendbrot gegessen. Jetzt spielen sie Quartett. Plötzlich guckt Mama auf die Uhr und stellt fest: »Oh . . . es ist schon nach sieben. Wir spielen morgen weiter.«
»Warum denn?«, fragt Sophie. »Es ist noch früh.« Papa legt seine Karten beiseite und sagt: »Wir gehen doch ins Kino.« Das hatte Sophie glatt vergessen. Nun sagt Mama: »Der Film läuft heute zum letzten Mal. Wir haben Oma Bescheid gesagt. Sie kommt . . . allerdings ein paar Minuten später. Und sie bleibt bei dir, bis wir zurück sind.«
»Oh nee!«, protestiert Sophie. »Immer geht ihr abends irgendwo hin.« Sofort widerspricht Mama: »Wir waren ewig nicht mehr weg.«
»Ewig?«, fragt Sophie. »Ihr seid doch gerade erst im Theater gewesen.« Dazu meint Papa: »Das war vor mindestens sechs Wochen. Und warum willst du eigentlich nicht, dass wir mal ohne dich weggehen?«
»Das ist nicht schön. Dann bin ich alleine . . . und hab Angst.«
»Oma ist doch da«, sagt Mama.
»Aber nicht gleich!« Sophie springt auf. Wütend sagt sie: »Ihr dürft nicht weg!«
»Also Sophie«, versucht Mama sie zu beruhigen. »Nebenan wohnt dein Freund Lukas. Seine Eltern wissen, dass du kurz alleine bist, weil Oma später kommt. Da kannst du klingeln, wenn du Angst hast.«
Sophie will aber nicht rübergehen und erzählen, dass sie Angst hat. Sie will, dass

ihre Eltern hier bleiben. Aber die wollen trotzdem ins Kino, und zwar sofort. Sonst kommen sie zu spät. Sophie versucht es noch einmal. »Immer geht ihr weg. Morgens muss Mama zur Arbeit . . .«
»Während du im Kindergarten bist«, unterbricht Mama sie. Sophie redet weiter: »Und am Nachmittag kauft sie oft ein.«
»Meistens kommst du mit«, meint Mama. Das will Sophie nicht hören und sagt: »Papa ist fast nie da. Immer muss er woanders arbeiten.«
»Manchmal wäre richtiger«, korrigiert Papa. Sophie schüttelt den Kopf und klagt: »Und wenn ihr mal hier seid, wollt ihr ins Kino.« Papa sagt: »Übrigens gehst du auch mal gerne ohne uns irgendwo hin.« Jetzt fängt Sophie an zu weinen. Ärgerlich sagt Mama: »Mach kein Theater, wenn wir ausnahmsweise weggehen. Wir sind ja bald wieder da.«
»Ihr sollt aber nicht weggehen!«, schluchzt Sophie. Papa stöhnt und Mama fällt ein: »Wie wär's, wenn Lukas käme? Vielleicht darf er hier schlafen.«
»Gute Idee«, findet Papa. »Dann seid ihr zu dritt.« Sophie hört auf zu schluchzen und sagt: »Wir müssen erst fragen, ob Lukas kommen mag. Wenn er will, legen wir eine Matratze vor mein Bett.«

Schon rennt Sophie los und Papa hinter ihr her. Gleich darauf sind sie wieder zurück. Papa sagt: »Also . . . das klappt. Friederike und Michael bringen eine Matratze mit. Und wir müssen jetzt wirklich los. Sonst fängt der Film ohne uns an.«
Mama schlägt noch vor: »Du kannst Lukas ja fragen, ob wir mal zusammen ins Kino wollen. Und ihr sucht den Film aus.«
»Kriegen wir dann Cola und Popcorn?«
»Na klar!«, antwortet Mama. Da klingelt es. Lukas und seine Eltern stehen mit einer Matratze vor der Tür. Papa sagt: »Wir gehen.«
»Und wir kommen«, antwortet Friederike. Schon sind die Eltern weg. Von Mama hört Sophie noch: »Geht nicht so spät ins Bett.«
Sie tragen die Matratze in Sophies Zimmer. Gleich werden sie spielen. Das wird doch noch ein guter Abend. Da ist Sophie jetzt sicher.